LA PRIMERA PALABRA
DE CUALQUIER REVOLUCIÓN

LA PRIMERA PALABRA
DE CUALQUIER REVOLUCIÓN

INDIO ZAMMIT

Valparaíso
EDICIONES

VALPARAÍSO POESÍA

Diseño de portada: Chari Nogales y Quino Romero Ruiz
www.charinogales.com @chari_nogales
www.genomapoetico.com

Primera edición: enero de 2026

© De los poemas: Indio Zammit

© Valparaíso Ediciones
  C/ Fray Leopoldo, 7 bajo, 18014 Granada
  www.valparaisoediciones.es

  ISBN 979-13-88007-09-5
  Depósito Legal: GR 1762-2025

  Impreso en España - *Printed in Spain*
  Gráficas Gami

CAPÍTULO 1

EL PÁJARO MUERTO
NO PUEDE APURAR LAS MIGAS

1

De la chispa la llama,
la primera,
la que sorprendió al hombre antes de intentar dominarla;
la que lo alimentó y calentó;
la que escuchó sus confidencias,
imaginó sus pensamientos
y ratificó sus decisiones.

La primera llama,
indómita,
que fue baile
pero también tortura,
que un día se rebeló arrasando cosechas y montes
para el día siguiente
cobijarnos de una noche fría.

Ocupó la vela y los faros
guiando a poetas y navegantes
y respetó, sobre todo, a aquellos que la respetaron.

Controlar el fuego,
sueño ancestral de una humanidad incapaz,
violenta y egoísta.

Controlar el fuego
para controlar al hombre,
sueño ancestral de las naciones enfermas,
de sus capitanes,
que abandonaron la vela
para abrazar la antorcha,
que vieron en el fuego el miedo
y no la luz.
Y fue el fuego, a veces, amigo de la fuerza,
pero con fuego se revolvió contra la mano cruel,
ingrata,
osada,
que presumió poseer lo que no puede tener dueño.

El fuego no tiene dueño.
El fuego no puede tener dueño.
La llama,
la primera llama,
supo desde el principio que, aun siendo parte del fuego,
ella tampoco podría dominarlo.
La llama no tiene dueño,
como el fuego no lo tiene.
La llama creció de la chispa
y la chispa fue casualidad.

Las casualidades no tienen dueño,
son producto del azar,
igual que el hombre.

2

El Motor Inmóvil marca la pauta.
Olvidamos decir No.
No.
Sílaba maldita, perseguida ancestralmente
por quienes se creían en el derecho de decidir por los
    demás.
Era loco aquel que la pronunciaba
porque el miedo impedía su pluralidad.
No.
Sencillamente, No.
Más férreo que un Por Qué,
más amplio.
Un homenaje al pensamiento, al albedrío.
No.
La primera palabra de cualquier Revolución.

Descuartiza la poética al mundo.
No deja títere con cabeza
porque de títeres, precisamente,
parece estar poblada su civilización.

Aquí viene, impetuosa, la poética
a sacar de sus trabajos a los hombres,
a explicarles a empellones
que les están haciendo el juego.

Vigorosa poética repartiendo hostias
con justicia,
acercando la verdad y la belleza
así a los desfavorecidos
como a los desfavorables a la nueva realidad.

Poética limpia y seductora,
que enreda las mentes más pragmáticas
con ese sonido irresistible
de sus enes, de sus eses,
con sus comas para tomar el aliento necesario
para que el beso se alargue todo lo que dura la lengua.

Poética triunfal,
venga a nosotros tu reino,

mejor,
no caigamos en poder hereditario,
tu gobernanza,
elegida unánimemente
en este Mundo Nuevo razonable
en que todo respira
como si el sufragio universal
fuera sinónimo de decisiones acertadas.

Poética.
He dicho.

4

Herederos de la codicia de aquellos que no les basta perpetuar la hegemonía. Sangre de la sangre del que no busca tanto poseer más, como que el resto sea desposeído. Avariciosos terroristas de los sentimientos de sus congéneres. Insaciables adictos a la creación de pobreza. Enemigos de la dignidad colectiva. Devoradores irónicos de la voluntad de progreso. Perpetuos ególatras antipáticos. Descreídos, inhumanos, encaramados a pedestales detestables construidos sobre entrelazadas desgracias. Fatuos competidores de sí mismos. Sordos y ciegos tras ventanas ajenas a otra realidad que la de sus espejos. Inmaculados criminales anclados en sus obsesiones sociópatas. Verdugos sin ningún sentimiento de culpabilidad. Enemigos de toda forma de vida ajena a su dominio.

Quizá no muráis aparentemente solos.
Esa será, precisamente, la última mentira para vosotros mismos.

Barrio inútil.
Ni juntas ni sumas.
No abrigas, vendes.
Feo, feo, barrio...
y sordo,
párate a escuchar,
que tu pereza no contagie a los jóvenes;
que el papel a compartir
no envuelva solo tabaco;
que no ahogue tu basura
las ideas, antes vivas,
de los que caminan ahora con miedo,
demasiado deprisa
como para pararse a recordar
dónde enterraron las cartas de su último amante.
Barrio inútil,
orgulloso de todo lo que no compartes,
patético,
abandonado a recuerdos,
estás solo,
superpoblado y vacío.
No eres nada sin nosotros
y parece que se te ha olvidado.

Aguardiente en el desayuno.
Todas las piedras son diferentes,
todos los seres humanos parecidos.
La madera, el agua, el sonido del viento
no se repiten.
Las respuestas, las reflexiones,
si es que las hay,
parecen copiadas de falsos profetas televisivos.
Cada gallo canta a una hora,
el alba es mentira,
gallo vespertino es tan gallo como el dócil
aliado del labriego.
El hombre canta cuando canta otro hombre.
Canta lo mismo que el otro intentando cantar mejor.
Reducimos, como en un viejo videojuego,
las expresiones faciales cada vez más.
Tiene más caras una hoja que tu rostro.
Todos los vuelos son impredecibles ya en los insectos.
Cada ave navega distinto.
Cada hombre, sin embargo, quiere ser hombre.
Cada mujer.
Aguardiente en el desayuno.
Abandonamos una naturalidad infinita
para encerrarnos, voluntariamente, en la limitación.
Predispuestos. Previsibles.

Dime quién eres y te diré como reaccionas.
Nombres muy distintos,
para apellidos, todos iguales.
Padres comunes.
Patrones comunes,
para vivir, después, ignorando a la comunidad.
La alienación alcanza sus últimos objetivos:
la guerra ha terminado.
La robotización es innecesaria.
Aguardiente en el desayuno
para salir a la calle
y no reconocer a mis semejantes.

Buen perro.
Vigilante.
Cariñoso.
Solícito.
Atado a la puerta del supermercado,
exhibido entre la masa difusa de acreedores a falsa amistad.
Presumen de tus habilidades
al servicio de su causa.

Buen perro cansado
con la lengua fuera en jadeo asmático,
agotado de idea y de obra,
paño de lágrimas,
comprendedor incomprendido.

Perro bueno porque el amo,
si es amo,
tiene que ser bueno,
porque no muerdes la mano que te da de creer,
que te da de sufrir.
Porque no muerdes manos, cuello,
ni palabras
de aquel para quien paseas,
camina altivo

y luego aprieta
egoísta,
al otro lado de tu cadena.

Ya no hay manada,
perro solitario,
aguanta igual caricias que golpes,
gritos y consuelos,
parte de un teatro vil
de artistas tan brillantes como mentirosos.

Ahora, perro,
te toca ser el domador de ti mismo,
látigo,
en un circo incomprensible
en que la palabra compañero
solamente aparece en los carteles.

8

Somos dos gotas de vino en el océano salado,
insignificantes,
somos la última broma,
el primo del timo,
el agonizante aire del suspiro más tímido.

Nada.

Somos su sudor.
Ellos el Sol,
no sangran nunca,
camisas viejas, viejos apellidos
mirando de reojo nuestras uñas sucias.

Y tú conmigo, a un lado del camino,
flotando,
sin hundirnos,
pero sin voz para pedir socorro.
Sin más futuro
que ablandar la tierra
para que, cuando llegue el momento,
sea más cómodo
cavar la tumba.

9

Ablandan nuestras carnes
antes de sangrarlas.
Maceran con paciencia,
sentándose a observar,
cómo se deshacen músculos y huesos
con la lentitud de media vida.
Sustituyen entonces la res
por otra joven,
trastornan su ilusión,
moldean sus creencias,
la ceban de promesas
y vuelta a empezar,
como en una carnicería silenciosa.

10

La última vez que te besé
no tenías vitaminas.
Sabía a saliva tu saliva,
sin más.
Esos aromas, matices especiados,
que eran la delicia de las catas más sibaritas
están desapareciendo.
Se evaporan en cada hora de trabajo.
Se los come el cansancio.
Estos señores de oficina
se están apoderando de tu sabor.
No han dejado más que labios.

11

Siguen siendo más vistosas que el meneo de sus hojas
las sombras del árbol.
Más peligro que expectativas,
un mundo absurdo, irracional,
de juguetes narcotizantes,
depresor, represor, predador,
agoniza.
El pájaro muerto no puede apurar las migas.

12

Agotadas las lágrimas en cada trago,
me arrastro al baño.
Ojeras en el espejo,
cara cansada,
fracaso.
Toso dos, tres veces,
otras dos después.

Solo seguir adelante,
mierda de generación,
seguir adelante...
bonita perspectiva.

¿Cuántas veces nos llamaron terroristas?
¿Cuántas veces nos apeteció serlo?

13

Escondido detrás de tus tiritas
esperas que yo sea una herida venial,
un arañazo feo,
el lumpen inofensivo que alimenta tus esperanzas.

Cuidado,
porque llevo palabras.
Llevo palabras conmigo y puedo usarlas.

Llevo "desesperación",
que es palabra peligrosa
y llevo "hastío"
(a lo mejor no te suena).
Pero si rasco en el bolsillo
llevo "lapicero" y "bomba",
seguro que conoces las dos.
Y llevo "perdedor"
y llevo "impaciencia"
y llevo "rencor"
y "grito"
y "miedo"
y llevo un montón de palabras más
que me pesan,
que necesito abandonar por las calles
para poder subir las escaleras.

Kilos de palabras sueltas
reagrupadas por los suelos
para darse calor unas a otras
y cualquier día de estos
van a empezar a formar frases,
te lo advierto.

14

Como un insecto encerrado entre dos cristales.
Luz y oxígeno suficientes para no perecer.
Incapaces de recordar qué camino nos empequeñeció lo
    suficiente
como para penetrar en este laberinto plano
con apenas espacio para caminar con la cabeza inclinada.
Mareados entre decisiones ajenas
por el bien de este ecosistema transparente,
pero incomprensible.
Desorientados.
Mermadas las fuerzas,
sin habilidad alguna para escapar de la trampa,
así avanzamos.
Sin plantearnos siquiera probar a golpear el vidrio.

15

Caminando sin rumbo y con desconfianza
entre un pueblo engañado, envilecido,
con vida sin tempero,
con libertad sin canto.
CLAUDIO RODRÍGUEZ

Hablamos de "pueblo engañado".
Casi nunca es verdad.
No tienen los dioses,
camuflados entre nubes desconcertantes,
la capacidad eterna de la mentira.
Es un pueblo resignado,
desactivado,
inmóvil.
El espacio diario dedicado a sobrevivir
no deja tiempo para protestar,
no deja hueco a la pelea.

El pueblo madruga.
El pueblo trabaja.
El pueblo no deja de pelear por falta de ganas,
no pelea por falta de fuerzas.

16

Niños por los suelos.
Tú ves cuentas bancarias,
acuerdos internacionales,
telediarios.
Yo,
niños por los suelos,
suciedad,
enfermedades.
Veo enfermedades,
no veo futuro, sino enfermedades.
Ancianos sin esperanza
que dieron lo mejor de sí.

Tú ves altas finanzas.
Oportunidades, "Globalización".
Yo,
compañeras descorazonadas,
comerciantes nerviosos
a quienes les tocó la peor parte,
neveras titubeantes.
Veo a mis padres vivir peor de lo que pensarían
cuando compraban mi bienestar.

Tú ves Paz Mundial
en supermercados sospechosos.
Yo intriga,
niños por los suelos,
retroceso.
Veo una respuesta cohibida.
Miedo.
La clase media está matando a los niños
para salir adelante.

Cuando llegue la inspiración, que me encuentre bebiendo.
Cuando llegue el trabajo, que me encuentre inspirado,
al menos vivo.
Olor rancio. Moho.
El tiempo de rebelarse
apenas parece el recuerdo
de una buena idea.
Ni un solo pensamiento brillante,
el día a día, no más.
Mientras los meses avanzan
gana el otoño otra vez,
oscuro y húmedo,
como un sótano que no pisas
por evitar el pasado.

18

Dios mío, llévale pronto.
Vengan tus negros perros a arrastrarle por las muñecas
en el último paseo.
Que los prados verdes sean ceniza en señal de duelo.
Que pague su caudal tumba de oro,
calle el país
para aplaudirle luego
y que todo el mundo recuerde
que, si hizo el mal,
fue por el bien de España.

Voy a matar el tiempo,
acabar con los relojes y vaciar los quirófanos.
Voy a bajar la edad media de mortandad
porque me sale de los cojones,
poner a trabajar a los niños de nueve años,
a las niñas,
para que entiendan desde la preadolescencia
lo cabrones que serán sus compañeros
cuando alimenten el ciclo.
Voy a prohibir en el Registro Civil
que se inscriban bebés
con nombres como Caridad, Piedad
y otras mentiras.
Voy a frenar la carrera ciudadana,
sofisticar el Sufragio Universal
condicionándolo con cuotas de inteligencia.
Voy a dejar que me llamen comunista,
terrorista y bolchevique,
lamer esas palabras
mostrando la mejor de mis sonrisas.

Fuerzas y Cuerpos de la Seguridad del Estado
son el conjunto de fuerzas de seguridad
de carácter profesional y permanente
que la Ley Orgánica 2/1986
pone al servicio de las Administraciones Públicas
para el mantenimiento
de la seguridad ciudadana.
Guardia Civil: 78.000 miembros.
Policía Nacional: 68.000 miembros.
Policías Locales: 66.250 miembros.
Mossos d´Esquadra: 17.000 miembros.
Ertzainza: 8.000 miembros.
Policía Autonómica Canaria: 100 miembros.
Total: 238.350 policías.

47.000.000 de ciudadanos
1 policía para cada 197 ciudadanos.
Si descontamos a los ciudadanos policías:
47.000.000 de ciudadanos
menos 238.350 ciudadanos policías
son 46.761.650 ciudadanos no policías
atendidos por 1 policía por cada 196 habitantes.

Se produjeron en España el último año 1.734.625 delitos,
según el Balance de Criminalidad del Ministerio del Interior.

7 delitos al año por policía en activo.
7 delitos al año por policía en activo.
7 delitos al año por policía en activo.

Las Fuerzas Armadas de España
son la entidad
perteneciente al Ministerio de Defensa
que agrupa
el Ejército de Tierra,
la Armada
y el Ejército del Aire y del Espacio.
Su mando supremo es el Rey de España.
125.579 militares en servicio activo.
13.702 efectivos en la reserva.
Total: 139.281 militares.
1 militar para cada 337.4 ciudadanos

Si sumamos los miembros
de las Fuerzas y Cuerpos de la Seguridad del Estado
y las Fuerzas Armadas
hay 337.631 hombres y mujeres trabajando
para garantizar la seguridad y fronteras del Estado.
1 por cada 138 ciudadanos.

Si en tu manzana hay 6 edificios por calle.
Si son de 6 plantas.
Si hay 2 pisos por planta.
Si viven una media de 3 personas por piso.

Viven en tu manzana 6 militares o policías.
No puedes estar más protegido.
Es imposible dormir más tranquilo.

Te cambio
Fuerzas y Cuerpos de Seguridad del Estado
por
Mañas e Intelectos para la Desinhibición del Pueblo.

CAPÍTULO 2

DEJANDO LOS HUESOS BAJO LA MESA
(Un momento de llanto y surrealismo)

1

La Sed nunca se llevó bien con La Paciencia.
La Paciencia presumía constantemente de ser sabia,
de algún modo ninguneaba la espontaneidad de La Sed.
La Sed se cansaba de decirle: *te equivocas,*
conmigo te equivocas,
prejuzgas.
La Paciencia no hacía mucho caso,
no estaba a su altura una discusión tan vana.
A La Sed se la llevaban los demonios,
se la llevaban las hadas,
se la llevaban, en general, todos cuantos buscaban aire o
    noche.
Sabían de su ingenio, de su tino:
siempre el local acorde a su estado de ánimo;
siempre el licor que rescataba la idea extraviada;
siempre la compañía precisa o la soledad.
Todos los poetas querían bailar con La Sed.
La Sed era como un verso,
hablaba lo justo,
le sobraba lo superfluo.
En la conversación, ofrecía a cada uno lo suyo,
lo que necesitaba,
dejando que le aportasen lo que les pareciese bien,
igual que los viejos anarquistas.
La Sed no era mentirosa
pero sabía como contar una historia.

Miraba La Paciencia el reloj con desprecio.
Le gustaba que le viesen haciendo esto,
reafirmaba su carácter.
Nunca abría la nevera sin saber antes que iba a buscar,
ni veía la belleza en el cielo,
solamente contaba nubes:
seis, siete, ocho...
si ves solo una, muy grande,
se dice que está nublado.

La Sed siempre llegaba pronto,
antes que sí misma,
para saber, según decía,
qué pasaba en el instante anterior a que estuviese allí.
Curiosa,
pero no entrometida,
imaginaba romances entre las sombras
que ocupaban las diferentes mesas al fondo del local,
donde la claridad era enemigo.
Entonces, La Sed sonreía
y se agradecía a sí misma adelantarse a la cita
por haber disfrutado otra vez
el placer de emparejar.
La Sed era feliz cuando el resto lo eran.
Da igual que sea un instante,
ser feliz y ya está.

La Paciencia divagaba
sobre cosas indivagables,
La Sed pensaba lo impensable,
navegaba lo innavegable,
socorría al ya cadáver.
La Paciencia esperaba y esperaba.
La Sed pasaba la tarde entera
buscando sustantivos o verbos
debajo de la silla,
entre el polvo de la lámpara
o en la despensa.
La despensa estaba llena de palabras
porque a La Sed se le olvidaba llenarla de otra cosa.

La Paciencia,
ensimismada en su calma de latidos sincronizados,
esperaba a que las cosas sucediesen.
A veces no recordaba,
esperaba y esperaba...
Y sucedían cosas,
pero estaba ella ya esperando que sucediesen otras cosas
y esperaba y esperaba
en un largo sinsentido.
Muchacha sal, que dé el aire,
insistía La Sed,
pero a La Paciencia se le ponía duro el pan.

Finalmente,
La Paciencia y La Sed dejaron de frecuentarse.
La Paciencia vive ahora en el futuro,
donde esperar es buen negocio.
La Sed continúa inquieta, buscando sus sustantivos.
Son tan diferentes...

2

Violeta llora, pero poco
porque no tiene,
en verdad,
ganas de llorar.
El piano azul no canta nanas.
El monstruo está bien peinado,
cien cepilladas o más,
Violeta lo sabe bien.
El piano tiene una tecla menos,
la que siempre quisiéramos que sonase
y no está.
Así preparamos para la vida
a quienes empiezan a jugar con ella.

3

Levanta la mirada del libro
según voy dejando mis huesos bajo la mesa.
Los dos lo interpretamos como una oportunidad perdida.

4

—¿De cuántos diptongos dispones?,
pregunta el Poeta Bendito al Poeta Maldito

—De los suficientes como para emborronar
todas las mentiras de tu periódico.

—Desde luego...
no se puede hablar contigo—,murmura el Poeta Bendito
volviéndose a su cuaderno
para escribir otro verso inocuo.

5. ESTREÑIDO

Larvean mis heces intestino arriba,
como si intuyeran peligro al asomarse al exterior.
Es una sensación desagradable, nueva,
sin diagnóstico.
Parece que algo les asusta,
un miedo instintivo, animal,
que se convierte en pánico
cuando apenas atisban la luz
y comienza la carrera contra natura.
Son ya semanas sin comer.
Me siento hinchado, lleno,
sucio.
Temo que revienten mis tripas
como ellas al contacto atmosférico.
Así, en el callejón paradójico
parece no quedar futuro,
sucumbiremos juntos,
yo con mis heces en rebeldía,
a las que no tendré oportunidad de explicar
que su transgresión me conduce a la muerte,
quizá conscientes de su posibilidad de morar otro hábitat,
no necesariamente humano.

No se dan cuenta de que ese nuevo paraíso
no podrá desarrollarse más que en la Tierra,
lugar del que ahora huyen
aterradas.

Ideológicamente, las entiendo:
ni siquiera la mierda es suficientemente sucia
como para soportar mezclarse
con la inmundicia de este planeta
incomprensible,
con moralidades vacuas,
gobernado por el más cruel de los animales
que confunde la inteligencia con el éxito,
considera secundarias las convicciones,
somete al semejante
y dispone la vida de las especies sin albedrío a su
    capricho egoísta.

Comprendo el rechazo de mis heces
a convertirse en cómplices del desastre universal.
Aunque no creo merecer, como consecuencia,
morir con la mierda al cuello.

6

Bajo a la calle
con las aletas de buceo
para no pisar el mismo suelo que ellos.
Pero olvidé la escafandra
y ahora pueden apropiarse de todas mis lágrimas.

7

Las alcantarillas de Madrid
están llenas de pelícanos.
Solo los poetas
que durmieron su resaca
en coches abandonados
los intuyen,
y saben que sus picos almacenan
las páginas con los versos
que dejaron olvidados
en las barras más antiguas,
en las noches más lejanas.

Ahí empiezan los problemas…
encuentra al pájaro descuidero
que pagó la última ronda,
el polluelo generoso,
que aparentando alabarte,
afanó en tu distracción
lo mejor que dio tu lápiz.

—Sal de ahí, palmípedo,
y regurgita mi obra,
que no era muy brillante
pero los ojos de la borracha
prometían un abrazo,
todo lo que busco, amigo.

Emergió el pelícano llorando
entre la húmeda basura
y resultó ser él…
Esa mirada cansada
que arrebató varias noches
mi mundo a la soledad.
—Cacho cabrón,
¿dónde andabas?
¿Cómo cruzaste Europa?,
¿por aire o por subsuelo?,
gran canalla con plumas,
sardinófobo sin futuro.

—A trancas y barrancas,
volé cielos y pantanos
y no faltaron en mi dieta
esas cervezas ahumadas
que nutrían nuestras excelentes tertulias.

—Menos coba, picolargo,
¿qué te trae por aquí
donde el pescado está muerto?,
¿mis poemas?

—Viejo ya para pescar,
me contaron que era el sitio
para disfrutar despojos.

—En eso no te equivocas,
sobran sobras en Carabanchel…

Y notó mi viejo amigo
humedecidos mis ojos,
sobre todo el izquierdo,
por dónde llegan los golpes,
y lloramos los dos,
aunque confortados
en cierto modo,
al dar por sentado
que esa noche dormiríamos juntos.

8

Duelen las chinas en el zapato
pero, al menos,
no tengo que salir al campo
para buscar piedras nuevas.

9

Soñé que se acababa el *rock'n'roll*,
que no quedaban ya canciones por componer.
Lloré.
Estuve en ese último concierto,
—debes cuidarte,
me dijo el cantante americano.
—Lo estoy intentando,
contesté,
lo intento.
Ya nunca volverán a ser las once.
La plaga silenciosa avanza centímetro a centímetro,
minuto a minuto.
Falta la droga madre
Nos miramos desconcertados,
desamamantados,
desunidos, por primera vez.
No tenemos nada que contarnos.
El pinchadiscos olvidó darle la vuelta al vinilo.
Caen los cabellos al suelo.
Escupen sus púas los peines.
Si antes teníamos ganas de emborracharnos,
imagínate ahora.
Ahora…
dejadnos morir.
Ni tan siquiera las lágrimas,

al golpear el suelo,
marcan un ritmo bailable.
Se acabó.
Se acabó
y de todo aquello no me queda más
que una enfermedad venérea.

10. EUCARISTÍA

Cuando Bukowski parte el pan
los apóstoles están ya tan borrachos
que tiene que comerlo solo.

11

Recita el Poeta Maldito
su nuevo poema al Poeta Bendito
con un par de versos atravesados
que no le dejan dormir.
—*¿Qué le falta, amigo?*
le pregunta por encima de sus gafas sucias.

—*Le falta belleza, mística.*
Le falta un lenguaje culto,
altura.
Escribes para la chusma
y la chusma no está preparada para la Poesía.

—*La Poesía no tiene casa,*
vive en la calle
mezclada con el pueblo.
El pueblo es la Poesía,
su lenguaje son los versos,
le replica el Poeta Maldito.

—*Eso no tiene sentido,*
eres un soñador.
La Poesía es orden
y el pueblo necesita dirección,
mano firme en cada verso.

Se ríe el Poeta Maldito.
Piensa que al Poeta Bendito
no le dan la medicación adecuada,
sobredosis de obleas.

—*Entonces*, le contesta, *¿Poesía a la élite*
y españoladas al pueblo?
Conocidos son los ministros y banqueros
por su sensibilidad poética...

—*No subestimes a las élites,*
cualquiera con esa inteligencia preclara
se estremece con un verso de Góngora,
aunque no sepa qué significa.

—*Poesía Inútil,*
onanismo.

—*El onanismo es pecado*

—*Pues Góngora estará ardiendo en tu infierno...*

Gesto de tormenta.
Se hinchan las arrugas en su rostro Bendito.
—*La Poesía es sublime,*
no se revela sin la mano de Dios.
Por eso se te atraviesan los versos,
porque eres un ateo,

mal poeta,
mal lingüista,
enemigo de la belleza.

—El Bien y La Belleza son una misma cosa,
contesta el Poeta Maldito,
La Poesía ha de servir a El Bien,
a la verdad.
Y la verdad está en la vida,
lo único que existe
o, si lo prefieres,
lo único que conocemos.

En un arrebato, rompe el Poeta Bendito
las cuartillas con el poema del Poeta Maldito.

—No me importa,
le dice.
Tengo más

Aunque una lágrima resbala ya cara abajo.

12

El avión del Profeta aterriza en tierra santa.
(Santa desde que el profeta la pisa,
nunca antes).
Sus sandalias siembran flores
que por las noches explotan,
a falta de entrenar perros que rastreen lo laico.
La aeronave se nutre de agua bendita,
el combustible es tan barato
que el Profeta suele dormir en los cielos,
cerca de sus dioses favoritos.

13

Voy detrás de todos tus Santos,
para limpiar sus lágrimas de cera,
arrancar flechas de sus pechos,
desclavarles de cruces ancestrales,
paños húmedos en sus quemaduras,
tapar los agujeros que dejaron los colmillos de las bestias.

Voy detrás de todos tus Santos
estudiando sus andares,
el camino masoquista de Jesús
con su espectacular final
que marca la vida de aquellos que creen que la FE
es algo más que el símbolo químico del hierro.

14

El avión del Profeta
bombardea las afueras.
Se defienden con mantillas
en los templos "verdaderos".
Se acusan unos a otros
desde altares de colores parecidos.
El cielo de la ciudad pertenece a todos.
Mirando detenidamente no distingues a sus dioses

15

Voy detrás de todos tus Santos,
sus mentiras,
que son tuyas.
Apegada al sufrimiento,
te revolcaste en él,
creciste pensando que se trataba de un modo de vida.

Voy detrás de todos tus Santos desorientados,
nacidos en la esperanza de ser sacrificados,
elevarse con el humo del incendio de su propia carne
para yacer al fin con Dios.

Visualizas ese final de gloria,
ser foco de la pena de los demás,
captar, al menos, la atención en muerte
que no conseguiste en vida.

16. SURREALISMO

Cuelgan jamones del techo
como lámparas de cerdo.
Comentan los parroquianos
las hazañas de Almanzor.
Preguntan dos japonesas:
Como está Dios Jesucristo
en la iglesia de hotel grande.
Vende la gitana viuda lotería con romero,
que te va a tocar, lo sé.
Guardan terrones de azúcar
dos señoras en el bolso.
Pide chinchón con el camión a la puerta,
en la calle peatonal,
el basurero verde fosforito.
Lucen fotografías de arroces,
en los bares del centro,
a modo de escaparate.
Todo esto a las once y media
de la mañana de un martes
y luego,
va y me dice el editor
que escribo muy surrealista.

CAPÍTULO 3

EL CALOR ES AHORA UNA MENTIRA

Se acumulan mis fantasmas
deambulando por el pasillo.
Son tantos
que se ceden el paso,
cordialmente,
para no tropezar.
Se desean buenos días,
tardes o noches,
intercambian anécdotas de mi vida.
Actúan como si no les escuchase,
lo contrario a lo que imaginaban
los viejos clásicos del cine.
Yo puedo verlos a ellos,
parece que ellos no me vean a mí.
Es triste.
Ignorado por mis fantasmas,
no se puede estar más solo.

Compro Oro.
Piso a compartir.
Primera apuesta de bienvenida.
Mujeres latinas a domicilio y hotel.
50% en la segunda unidad.
1 kilo de carne picada + 1 kilo de cerdo.
Oportunidad para jóvenes.
Ahora sin pago de matrícula.
Horario flexible.
Portes económicos.
Barra Libre incluida.
Protección de datos.
Metal al peso.
Últimas plazas disponibles.
No es quizá.
Prohibido aparcar, avisamos grúa.

3

Cada día que duerme en la calle
se acorta una semana su vida
y aún nos parece nocivo el vino de cartón...

Permanentemente miedo.
Despierta en el océano
con lágrimas heladas
y le hablan, después,
de salud, de higiene.

Ven,
hablame,
cuéntame tu primera noche,
cómo se llama tu perro,
cómo te llamas Tú.
¿Cuánto te suele durar una hora,
amigo?
¿Dónde almacenas el odio para verte ahora sonreír?

4

Dios me reprendía en sueños,
mi padre al despertar
y los profesores el resto de la mañana.
Por eso amaba las tardes.
Estudiaba en la Biblioteca
aquello que el programa escolar
post-franquista
podía ocultar:
la letra A dentro de un círculo
contra dos consonantes enemigas,
en formación,
apuntando sus armas al cielo.
Descubría el amor por las palabras,
mapas y biografías.

Recuerdo que, en algunas ocasiones,
encontraba allí
al chaval que habían apartado del colegio,
supuestamente superdotado,
para ausentarlo de cualquier actividad intelectual.
Estaba dos o tres cursos por debajo del mío
y sus ansias de aprender asustaban a los psicólogos.
Él también se escapaba
a la esquina más discreta
del aula de lectura de la Biblioteca Central
en la calle Balmes.

Ahí estaba,
frente a un par de tomos de Historia.
Levantaba la cabeza de sus 4000 páginas
sabiéndose descubierto,
pero la sonrisa cómplice
al otro lado de la habitación,
le calmaba:
Rousseau mira a Proudhon.

En aquel momento inefable,
el chaval no tenía médico
ni yo padre
y desde luego,
de haber existido, Dios no estaba allí.

5

Empañadas las alegrías,
así vivo.
Sin tiempo. Solo.
Absorbiendo rápidamente un vino que requiere calma.
Caricias mirando el reloj.

Vivo mal.
Vivo mal
para salir adelante
Vivo esclavo de mí mismo,
de una realidad diaria imparable,
de una exigencia enemiga
que aleja la felicidad.

Vivo solo, rodeado de amigos que viven solos;
de personas interesantes que viven solas
que nunca podré conocer;
de mi pareja,
que vive sola
porque no puedo darle más.

6

Todos mis versos son extranjeros.
Hijos de madres distintas.
Ninguno ha nacido en casa.
Vienen a dormir cuando les apetece.
Sé que me utilizan,
no les pido cuentas,
no va en su naturaleza
hacerme demasiado caso.
No me dan explicaciones
y lo entiendo:
fueron líquidos antes que sólidos.

Lluvia de gotas de plomo,
tormento imparable,
taladra los cráneos
antes confiados,
ahora confusos.

Lluvia de balas para el que ama.
Para el pueblo. Para siempre

No me dijiste, amor,
que ibas con los malos.
Yo, como en los wésterns,
siempre con los indios.

8. TRISTEZA

Ataca sin miramientos,
insensible a las consecuencias,
impía,
como el coronel que soportó con paciencia
una generación sin guerra.

La ola que te revuelca en la arena
y te estrella más tarde en el acantilado,
cuando has perdido el sentido de la orientación,
te da unos segundos de tregua,
incertidumbre
e inmediatamente después
te arrastra con su resaca siniestra,
despacio,
mientras ves la playa desaparecer
poco a poco
regalándote el tiempo necesario
para visualizar la muerte
mientras se amontonan todas las preguntas sin resolver.

Sigue sonando el despertador,
pero no lo hace para mí.
Ni para mi gente,
profesionales de profesión
y profesionales de la vida,
a los que ahora les roban la suya.
Se quedaron con sus casas,
les arrebataron el amor.
Les quitaron su identidad
después de quitarles su trabajo
y el despertador suena cada mañana
para recordarles
que pueden seguir durmiendo,
buscando el lado más frío de las sábanas
porque el calor es, ahora,
una mentira.

10

Está todo viejo o roto
en esta casa.
Todo menos tú.
Y menos tú, me contestas,
sabiendo que no llevas razón.

11

Raro.
Me miran raro.
En la bodega, rellenando botellas de vino para comer,
es como si pensaran que no encajo.
Fuera de sitio.
Fuera de generación.
Permanentemente observado.
Raro en el mercado,
en el bar,
en la droguería.
No encajan mis zapatos en ningún sitio,
mis expresiones.
Raro para mi género,
para mi edad.
Raro por ideología.
Un vecino raro, que saluda al cruzarse.

En el colegio ya les parecía raro.
Simplemente cogiendo el autobús
ya había señoras que me decían:
pobrecita tu madre,
lo que estará sufriendo
con esa pinta que llevas.
Llegaron a sugerir al conductor
que no me dejase subir,
lo juro.

Así crecí en la convicción
de parecer raro.
Los hombres procuraban humillarme.
Tuve que aprender a dar miedo para no tener miedo,
como un animal erizando el pelo para hacerse grande.
Caminé mirando atrás durante muchos años.

Esa sensación de generar odio es realmente peculiar,
casi inexplicable a quien no la haya sentido.

12

Toda la mañana buscando un bar sin televisor,
un camarero que hable,
un barrio que parezca un barrio.
Me han robado Madrid.

13. ELENA

Irse sin ruido y sin Dios,
despacio,
con tiempo de despedirse,
preciosa por dentro
preciosa por fuera,
dejando una plaza llena de voces,
canciones que te aman.

Nos regalas tu estela limpia
donde caminar ahora,
sembrada de pétalos imposibles
crujientes bajo nuestros pies,
el sonido reconfortante
de la cabra masticando hierba fresca
mientras sonríe al mastín,
que sabe que nunca le ladraría.

14. TRISTEZA (2)

Así,
la sonrisa ladeada del proxeneta,
el planeta que no se detiene
a rezar a sus muertos
se pavonea cruel.

Recién aseada,
antipática y sincera,
La Tristeza.

Tras la última derrota
esperan cien más a la puerta de casa.
¿Quién da la vez?

ÍNDICE

CAPÍTULO 1: EL PÁJARO MUERTO NO PUEDE APURAR LAS MIGAS

CAPÍTULO 2: DEJANDO LOS HUESOS BAJO LA MESA

CAPÍTULO 3: EL CALOR ES AHORA UNA MENTIRA